職場トラブル **110**番

労働相談
全国ガイドブック

NPO法人労働相談センター 編

同時代社

はじめに

――「労働相談全国ガイドブック」発刊にあたって――

1　職場でトラブルに見舞われたとき、あなたは……

　いま、みなさんは働くことに意義を感じていらっしゃいますか？
　のっけから、本源的で重い「問いかけ」になってしまったかもしれません。でも、このページを開いていただいたというご縁で、ここで改めて考えていただきたいのです。

　お給料は十分ですか？（賃金）
　経営者の一存でお給料がカットされていませんか？（賃金）
　長時間労働で帰宅後も疲れきっていませんか？（労働時間）
　「サービス残業」（＝タダ働き）を強要されていませんか？（賃金・労働時間）
　有給休暇は取れていますか？（法定休暇）
　社会保険には入れてもらっていますか？（法定福利）
　労働災害（労災）が発生したら経営者はシッカリ対応してくれていますか？（安全衛生）
　上司や同僚からいじめに遭っていませんか？（安全衛生）
　自分の能力にあった仕事に就いていますか？（人員配置）

そもそも働きやすい職場ですか？（職場環境）
理不尽な理由で解雇されてしまったことはありませんか？（労働契約）
退職金は支給されますか？（退職）
辞めさせてくれず困っていませんか？（退職）

　こんなことで壁にぶちあたっている方もきっと多いことでしょう。
　私たちNPO法人労働相談センターには、毎日、電話で、メールで、面談で、さまざまな労働にまつわる相談（労働相談）が年間８千件ほど寄せられます。ここでは、ほんの一部典型的な事例を書き連ねてみました。
　括弧内は「使用者」（会社などの経営者）に雇われるときに、みなさん「労働者」がお互いに約束して納得ずくで、働かせあるいは働くことに合意した「労働条件」を指します。

　労働トラブルを解決して、労働条件をもっともっといいものにしたいけど、どうしたらいいか分からない。どこに相談すればいいか見当もつかない。
　そんなみなさんのために、このガイドブックをご用意しました。
　この冊子では、こうした労働相談に耳を傾け、解決の道筋を示してくれる労働組合や行政機関、弁護士団体などの窓口を紹介しています。
　全国どこからでも駆け込める〝ご当地相談所〟を案内しているのが最大の特長です。ぜひともお役立てください。

2　労働組合を活用しよう!

　そして、一番に強調しておきたいことがあります。
　ぜひ、「労働組合」を活用してください。
　窓口紹介の筆頭にもあげていますし、一人から加入できる全国の労働組合(ユニオン)のリストもご用意しました。

　小難しい話をすれば、労働組合とは労働組合法に基づく法定団体であり、日本国憲法第28条で保障された「労働基本権」(団結権・団体交渉権・団体行動権のこと。「労働三権」ともいいます)を有し、使用者と対等に労働条件につき交渉することができる労働者の団結体＝自治組織、ということになります。
　労働組合は、労働相談の窓口であると同時に、実際に労働者が加入すれば、すぐにでも使用者に対し行動に移せる運動体でもあるのです。
　たとえば、こちらも相談先としてご紹介している労働局・労働基準監督署等行政機関へアプローチする際も、労働者個人で申告手続きを行うより、労働組合として乗り込んだほうが、当然のことながら効果は絶大。
　対応する監督官なりの応対姿勢もまったく異なったもの(＝ないがしろにすることなく真剣に話しを聴く)になるはずです。

　労働組合と行政機関との〝合わせ技〟で、解決への道スジを確固としたものにする——。

会社前抗議行動、ストライキなど団体行動権（争議権）を行使して、使用者に直接プレッシャーをかける——。

使用者との「団体交渉」（労働組合と使用者との組織対組織による集団交渉）による労働条件の改善という〝正攻法〟はもちろんのことですが、労働組合を活用すれば、これだけではない解決への選択肢が格段に広がるということをお伝えしたかったのです。

3　本書の活用法

この冊子は、3部構成になっています。

第1部「労働相談を受けられる相談窓口」
全国各地で労働相談を受けられる窓口について、その概要を解説しました。

「労働組合」を筆頭に、労働法違反を取り締まる「労働基準監督署」、求職や失業給付をつかさどる「公共職業安定所（ハローワーク）」、その上部組織である「都道府県労働局」、社会保険については「年金事務所（日本年金機構）」、その他「自治体」、「労働委員会」などの行政官庁、労働者の立場で相談に応じてくれる法律家集団「日本労働弁護団」、万が一裁判になったときに金銭面でサポートしてくれる「日本司法支援センター（法テラス）」を取り上げています。

はじめに

　第2部「最近受けた労働相談事例」
　NPO法人労働相談センターが最近受けた労働相談事案を紹介しています。かなりリアルな事例も満載。必見です！

　第3部「一人から加入できる労働組合（ユニオン）一覧」
　労働相談を受け付けると同時に、個人での加入も可能な労働組合（ユニオン）を全国規模で一覧にしました。必要に応じて相談の流れから加入し、胸を張って労働者としての権利を使用者にぶつけてみてください。

　この「労働相談全国ガイドブック」が、職場で働くみなさんのトラブル解決への突破口となり、ひいてはこれからの職業生活の支えとなれば、これほどうれしいことはありません。

　2017年1月5日

NPO法人労働相談センター
「労働相談全国ガイドブック」編集委員会

労働相談全国ガイドブック

目　次

はじめに ── 「労働相談全国ガイドブック」発刊にあたって ─── 3

 1 職場でトラブルに見舞われたとき、あなたは…… ……………… 3

 2 労働組合を活用しよう！ ……………………………………… 5

 3 本書の活用法……………………………………………………… 6

第1部　知っておきたい！　困ったときの労働相談窓口 ── 11

 1 労働組合（合同労組、ユニオン）………………………………12

 2 労働基準監督署……………………………………………………14

 3 公共職業安定所……………………………………………………15

 4 都道府県労働局……………………………………………………17

 5 年金事務所（日本年金機構）……………………………………19

 6 自治体………………………………………………………………21

 7 労働委員会…………………………………………………………22

 8 日本労働弁護団……………………………………………………23

 9 日本司法支援センター（法テラス）……………………………25

第2部　あなたは大丈夫？　労働相談事例集 ──── 27

　　1　「労働時間」に関連した労働相談 ………………………28

　　2　「有給休暇」に関連した労働相談 ………………………31

　　3　「職場のいじめ・いやがらせ」に関連した労働相談 ……33

　　4　「解雇・退職勧奨・退職強要」に関連した労働相談 ……39

　　5　「辞めさせてくれない」という労働相談 ………………42

第3部　一人から加入できる労働組合（ユニオン）一覧
　　──まずは労働相談から ──────────── 45

知っておきたい！
困ったときの労働相談窓口

　職場でトラブルに見舞われたとき、みなさんはどんな道を選ぶのでしょう。
　たとえば、社内でソリの合わない上司から毎日毎日怒鳴りつけられているとき——。
　極端な選択肢としては、こんなことが考えられます。
　「取りあえずは我慢して、『早く帰りたいな』とジッと社内の掛時計を見やる日々をやり過ごしつつ、定年を迎える」
　「正しいことは正しいと主張し、会社と真正面からぶつかっていくが、結局孤立していづらくなり辞めてしまう」
　耐え抜いて会社に残るか、会社とケンカして辞めるか。いずれも短絡的な選択肢とは分かっている、だけど……というのが現実ではないでしょうか。
　一人で考えていると、自ら導き出した思い込みも手伝いドツボにはまり込んでしまうもの。ぜひ、職場の同僚・先輩・後輩と相談し知恵を出し合いながら、解決の途を模索していきましょう。その知恵の糸口をお示しするのが、左記の労働相談窓口です。
　ご紹介する機関のほとんどは、おカネもかからず意外と気軽に立

ち寄れるところです。臆せずぜひ、積極的に足を運んでみてください。

　ご覧いただければもうお気づきでしょう。相談窓口の筆頭に「労働組合（合同労組、ユニオン）」を配置しています。

　「はじめに」でもご案内しましたが、まずは職場の仲間と一緒に労働組合に駆け込むことをおすすめします。そのうえで、それ以降の各種行政機関にアプローチをかけてみると、想像以上の効果が得られることが実感いただけるはずです。

1　労働組合（合同労組、ユニオン）

　労働相談・解決への取っかかりとして不動の位置づけ。まずはここからスタート！

　労働問題を解決する機関といえば、やはり労働組合だ。「でも、うちの会社には労働組合なんてないよ！」と思われるかもしれない。あきらめるのはまだ早い。それぞれの企業や事業所に独立して存在するのとは別に地域にも労働組合は存在するからだ。こうした地域の労働組合は合同労組やユニオンとも呼ばれ、職場に組合がない、あっても力になってくれない労働者に向けて支援を行っている。基本的に個人でも加入できるようになっており、一人で悩む労働者の相談に対応している。

　労働組合は法律に定められた、他の組織にはない特殊な機能がある。団体行動権と団体交渉権だ。前者により労働組合はストライキ

を行っても処罰を受けることがなく、後者によって交渉の場を設けることができる。団体交渉権は解決の糸口となり初めて相談した人の強い味方になるだろう。一人で交渉しようと思っても話を聞いてもらえなければ解決には至らず、そのことに法的な問題はないが、団体交渉は使用者がそれを拒否すれば不当労働行為となる。不当労働行為とは団結権等を保障するために使用者に禁じられた行為で、団体交渉拒否以外には組合加入を理由とした労働条件引き下げなどがある。

　魅力的な機能を備える労働組合だが、その力の源泉はなにより集団性だ。団体交渉の「団体」がそのことを表しているが、使用者と労働者は対等な関係になく、力の差がある。その差を埋めるのが労働者の協力、「団結」だ。特に労働基準法以外の問題、パワハラ、セクハラといった問題は解決が労使の力関係に大きく左右されてしまう。労働組合は交渉の場を設けることができるが、交渉を有利に進めるには、したがって、職場の団結がカギを握る。一人で労働組合を利用し問題を解決するのも良いが、できることなら職場の仲間、信頼できる人間や同じように不満、悩みを抱えている労働者に声をかけ、一緒に労働組合へと足を運ぶのがおすすめだ。

　いずれにせよ、なにかあったらまず信頼できる労働組合に相談してほしい。職場で抱えた悩みをときほぐし、また自分では気づかなかった職場の問題を指摘してくれるだろう。実際に行動に移さなくとも、労働者の立場に立った適切なアドバイスが受けられるはずだ。

2 労働基準監督署

　会社による労働法令違反を訴えるならここが定番。証拠をそろえて申告しよう！

　仕事をしていて、なんらかの問題を抱えた場合、相談先として多くの方が真っ先に思い浮かぶのが労働基準監督署であろう。労働基準監督署は、労働基準法その他の労働者保護法規に基づいて事業場に対する監督及び労災保険の給付等を行う厚生労働省の出先機関である。
　労働基準監督署には労働基準監督官が配置されている。この労働基準監督官は会社や個人事業主に対して臨検、事情聴取などを行い監督指導する行政監督権限と、監督指導の結果、是正勧告を受けたが法違反を是正しないなど重大・悪質な事案については、刑事訴訟法に基づき強制捜査を含む司法警察権限を行使し、送検することができる人たちだ。言ってしまえば「労働法違反をとりしまる警察官」。
　ここで押さえておかなくてはならないのは、あくまでも警察官ということ。一般の警察官もそうであるように「明確な労働基準関係法令違反」がないと基本的には動かない。具体的には残業代を払ってくれない、最低賃金に違反している、解雇予告手当を支払わない、などの誰が見ても明確な争いの余地のない法律違反がある場合は非常に有効だ。なるべく証拠を自分でも集め、労働基準監督官に「申告に来ました！」と訴えにいこう。

そしてここで大切なのが「申告」というキーワード。労働基準法第104条等に「労働者は、労働基準関係法令違反がある場合には、労働基準監督官に行政指導を求めること（申告すること）ができる」としっかり明記されている。堂々とこの権利を行使し、労働基準監督官に動いてもらおう。

一方、労働法に違反するような行為が行われていても直ちに労働法違反とは判断できないような事案、たとえば、不当解雇、一方的な不利益変更、パワーハラスメントやセクシャルハラスメントといった民法上の不法行為に根拠をおくものなどは、個別労働紛争解決制度の助言や調停（男女雇用機会均等法に関わるもの）、あっせんを利用するのがよいだろう。

しかしこれは都道府県労働局の業務なので、これらの問題は労働基準監督署にいってもあまり有効ではない。もちろん相談コーナーがあるので相談にはのってくれるし、法的な情報などは得られる。ただ立場的には中立（使用者と労働者間）をとることが多く、争議ではなく転職を勧めてくるような相談員もいるので注意が必要だ。

3　公共職業安定所

退職後お世話になります。失業給付をつかさどるご存じ「ハローワーク」。退職理由に不服があるときもこの窓口で！

公共職業安定所（以下ハローワーク）により解決を図れることは、雇用保険の問題である。雇用保険で問題になりやすいのは、雇

用保険の加入と離職の2点である。働いていたのに雇用保険に加入していなかったことや、会社都合（解雇など）で退職することになったにも関わらず自己都合にさせられていたなどが考えられる。ちなみに会社が労働保険の加入に必要な手続を行っているかどうかについては、厚生労働省のホームページで確認できる（「労働保険適用事業場検索」）。

雇用保険は31日以上働く見込みがあり、週20時間以上働く場合は加入することになる。雇用保険加入年数と離職理由により雇用保険の受給日数が変わっていく。たとえば、正当な理由のない自己都合が離職理由である場合は、受給するための雇用保険加入期間が会社都合であれば6ヶ月のところ1年必要となり、さらに離職から3ヶ月受給が制限されてしまう。

雇用保険の受給に際して、離職理由との関係では「特定受給資格者」と「特定理由離職者」という制度に注意する必要がある。

「特定受給資格者」は、分かりやすくいえば使用者が原因の離職である。具体的には倒産や解雇、給料の遅配や給料の大幅な引き下げなどがある。実際には細かく条件が決まっており、長時間労働を例とすると、「離職直前の6ヶ月間のうち3ヶ月連続して45時間、1ヶ月で100時間、または2〜6ヶ月間平均で月80時間を超える時間外労働が行われた」となっている。退職を考える際には、出来れば事前に、条件に当てはまっているか最寄りのハローワークに確認することが重要となる。

「特定理由離職者」は、疾病や育児など正当な理由と認定される場合に当てはまるものであり、延長されてはいるが2017年3月31日までの制度である。こちらも条件が細かく決まっているため事前の

準備が重要となる。

　ハローワークでの解決に共通することとして、証拠の重要性が挙げられる。雇用保険に加入するための証拠としては、働いていた時間の証明（タイムカードなど）や雇用契約書などであり、離職理由の証明としては解雇などを通知された書面・音声や給料が遅配だったことを証明する書面、働いていた時間の証明などが該当する。

　証拠をそろえ異議を伝えることにより正当に雇用保険を受給することをめざすのは重要であるが、本来、会社都合として使用者にきちんと必要書類を提出させるために退職前に労働組合などで交渉が出来れば一番であることは意識しておきたい。

4　都道府県労働局

　労働基準監督署・ハローワークのまとめ役。不当解雇など労働関連民事事件の「あっせん」も受け付ける。意外と穴場！

　労働局に相談して解決を目指すことを箇条書きにすると、
① 「あっせん」・「助言」・「指導」による、不当解雇、セクハラ・パワハラなどといった原則的に労働基準監督署では取り扱えない問題の解決。
② 需給調整事業部による、労働者派遣法の問題の解決。
③ 雇用機会均等室による、男女雇用機会均等法・育児介護休業法・パートタイム労働法の問題の解決。

　原則的に労働基準監督署で取り扱えない問題とは、不当解雇やパ

ワハラ、労働条件の不利益変更が多い。労働基準監督署で取り扱う労働基準法違反の問題に関して労働局が取り扱うことが出来ないと法律に規定があるわけではないが、行政機関相互での職務分担という観点から「労働基準監督署による解決が望めない場合に」という取り扱いになっている。

　「あっせん」は当事者の間に弁護士等の学識経験者である第三者が入り、双方の主張の要点を確かめ、紛争当事者間の調整を行い、話し合いを促進することにより、紛争の円満な解決を図る制度である。両当事者が希望した場合は、両者が採るべき具体的なあっせん案を提示することもできる。また、原則的には1回で終了する点も大きな特徴であり、申請書も1枚で記入するものであるため自力で申請をする労働者が多い。「助言」・「指導」については、都道府県労働局長の権限で個別労働紛争の問題点を指摘し、解決の方向を示唆することにより、紛争当事者による自主的な解決を促進するものである。

　労働局でのあっせんや指導により解決を目指すメリットは、何より無料であること。また解決するために時間がかかることが多い労働問題で、原則的にあっせんは1日で終了するところも大きい。また、目指す解決の水準によって解決できることももちろんのこと、無料のため使用者側に話し合う気があるのかなど反応を見るのにも使うことができる。

　デメリットとしては、あっせんや助言、指導に強制力はなく、使用者があっせんの場に臨む必要はなく、助言・指導されたとしても従う必要がないこと。裁判所による判決などの強制的な解決方法ではないため、和解をする気がない場合は勧められない。具体的に不

当解雇によるあっせんを例とすると、使用者は会社に戻って欲しくないと考えているわけであり、労働者の希望が復職である場合、かなえられる可能性は非常に低い。

　あっせんなどの個別労働紛争解決制度の利用が増えてきた理由としては、集団的労使関係による解決を目指す労働組合の組織率の低下にともなう「労働問題の個別化」であろう。使用者と労働者の圧倒的な力の差を考えると、個別的な解決が法律や訴訟をする以上の水準になることは少ない。メリット、デメリットをよく考えて解決を目指していこう。

5　年金事務所（日本年金機構）

　年金のことならココ。老後も取りっぱぐれのないようシッカリ記録をチェックしておこう！

　年金事務所で解決を目指すことは、社会保険（健康保険、厚生年金保険）加入の問題である。具体的には、雇用保険と比較して保険料負担が大きいため会社ごと加入していない場合や本来条件を満たしていても非正規労働者には加入させない、などである。

　社会保険の加入条件として大きいのは、「正規で働く社員（正社員）のおおむね4分の3以上の労働時間があること」であり、1日の所定労働時間がおおむね4分の3以上で1カ月の労働日数がおおむね4分の3以上となっている。この加入条件は法律での決まりではなく、厚生労働省の内部文書で決まっているだけ。2016年10月以

降は、加入要件が①週20時間以上、②月額賃金8・8万円以上（年収106万円以上）、③勤務期間1年以上見込み、④学生は適用除外、⑤従業員501人以上の企業、と変更になるので注意が必要である。

　公的機関に共通することであるが、証拠の重要性が挙げられる。具体的には、雇用契約書や働いていた時間の証明（タイムカードなど）などである。証拠をそろえ、使用者へ加入の指導をさせることが第一歩になる。

　遡及して加入することになった場合に問題となってくるのは、保険料負担の問題である。法律に労働者が有利になる決まりはなく、遡及せざるを得なかったのは使用者の責任であるにもかかわらず、原則的には労働者も折半しなければならないのが建前。負担するように要求された場合は、その負担割合など使用者と交渉する必要がある。

　次に労働者が知っておくべき制度として、健康保険法の傷病手当金を挙げておきたい。年金事務所の管轄ではなく、健康保険組合や全国健康保険協会の管轄となる。管轄がわからない場合は、自分の健康保険証に記載があるので相談すべき場所を把握しておきたい。傷病手当金は、労働災害ではなく私傷病により働けなくなった場合に収入を確保する重要な制度である。受給に条件はあるが、退職後にも活用できるものであり、しっかり確認しておきたい。

6　自治体

まずは近場から。解決の糸口が地元にも結構あるある！

　自治体が独自に相談機関を設置している場合もある。例えば、東京都は東京都産業労働局の出先機関として都内６ヶ所（飯田橋、大崎、池袋、亀戸、国分寺、八王子）に「東京都労働相談情報センター」を設置し、労働者の相談に対応している。相談は電話、来所のどちらにも対応しており、平日以外に土曜日も受け付けており相談しやすい環境が整えられている。また、相談機関にとどまらず、独自のあっせん制度を設け労働問題の解決機関としての機能も兼ね備えている。さらには労働法関連のセミナーの開催やワークルールをコンパクトにまとめた「ポケット労働法」などの冊子を刊行し、労働者教育にも努めている。

　東京都の場合、こうした充実したサービスが用意されているが、自治体によってはそもそも存在しない場合もある。居住地、事業所所在地によって受けられるサービスに違いがあり、選択肢に差がでてしまうのが自治体サービスの難点だ。関係する自治体がどのようなサービスを提供しているのか、事前に調べておくと良いだろう。

　ただ、関係する自治体で十分なサービスが得られないのならば、関係はなくとも東京都のようなところに相談してみるのも一つの手だ。東京都がそうだが、特に利用者を限定せずに対応している場合もある。来所することは難しくとも電話で相談することならできるだろう。関係ないと頭ごなしに決めず、柔軟に各自治体のサービス

を利用することもおすすめだ。

7　労働委員会

　個人でも相談は受け付けてくれます。もちろん労働組合がからめば言うことなし！

　労働委員会とは労働組合の結成と労使関係の調整を目的とした機関で、労働組合法にその根拠をおき、行政からも独立した機関だ。基本的には労働組合と使用者の間の問題調整を行い、個々の労働者の問題には対応していない。
　しかし、「個別労働関係紛争の解決の促進に関する法律」により、各都道府県の労働委員会に個々の労働者の問題に対応するあっせん制度が設けられた。労働問題を解決する手段が一つ増えたのは喜ばしいことである。
　ただし、運用は都道府県により異なり、東京都と兵庫県、福岡県にはそもそもこのような制度はなく、各自治体が代わりに対応している。あっせん制度は職場のある都道府県で受付しているので、事前に調べ制度が利用できるかを確かめておこう。

8　日本労働弁護団

　普段は近寄りがたいイメージの弁護士さんですが……。いいえ、なんとも頼りになる労働者の味方です！

　労働問題を解決する大きな手段の一つが、訴訟などの法廷闘争である。法廷闘争を目指すにあたり弁護士に相談したいと考えた場合にまずおすすめなのが、日本労働弁護団だ。
　日本労働弁護団は、わが国のすべての労働者・労働組合の権利擁護を目的として、広範な労働者・労働組合に支えられ、今後もそれを広げることを目指している弁護士の団体である。現在の会員数は約1500名で、本部を東京におき各地に地方組織が存在している。
　本部、地方組織それぞれホットラインと呼ばれる電話による無料相談を受けている。ホットラインを開催している曜日・時間はそれぞれ違うため、ホームページを確認する必要がある。注意する点としては、電話相談の結果、弁護士の事務所での面接相談を希望する場合は面接相談についてそれぞれの弁護士事務所が設定した費用がかかることになり、金額は担当する弁護士によって異なるため、担当弁護士に確認することが肝要だ。
　弁護士を選ぶ際は、労働者の立場から話を聞いてくれるかどうかが非常に重要である。労働問題の解決手段は数々あり、それぞれの事案、労働者固有の事情など考えたうえで選んでいかなければならない。労働者の立場に立って普段から活動していれば、判例やノウハウなども蓄積されており労働者にとって好ましい解決に向けて助

けになってくれるだろう。

　通常の訴訟は何年もかかることもあるし難しいと考える場合でも、労働審判という制度がある。労働審判官（裁判官）1人と労働関係に関する専門的な知識と経験を有する労働審判員2人で組織された労働審判委員会が、原則として3回以内の期日で審理し、適宜調停を試み、調停による解決に至らない場合には事案の実情に即した柔軟な解決を図るため審判を行うという紛争解決手続である。ただし、労働審判に対して当事者から異議の申立てがあれば、労働審判はその効力を失い、労働審判事件は通常の訴訟に移行することになる。

　通常の訴訟が望ましいのか、労働審判がいいのか、もしくは他の手段も考えるのかも含めて一度ホットラインに相談するのが良いだろう。

　日本労働弁護団と所属する弁護士が重なるところもあるが、労働者の力になってくれる弁護士の団体として、2013年に「ブラック企業被害対策弁護団」が結成されている。目的としてはブラック企業による被害者の権利の実現を図ると同時に、それらの被害を体系的に調査し、「社会問題」として社会に提起していくものであり、取り組みを通じ、職場で法が順守される社会、ブラック企業によって若者が使い潰されることのない社会を目指していく組織として労働者からの相談を受けている。こちらは、相談を希望する場合は、ホームページに記載されている事務所に直接問い合わせることになる。電話での受付後、後日、弁護団の担当弁護士より折り返し連絡がくる。

9　日本司法支援センター（法テラス）

　弁護士に相談したい、労働審判や裁判をやりたいけどおカネが……という人たちのために！

　弁護士に相談したい！と考えるならば、「日本司法支援センター（法テラス）」が選択肢に挙げられる。法テラスは憲法に規定された裁判を受ける権利を保障するために国によって設置された機関で、弁護士による無料相談や裁判費用の立て替えを行っている。本来であれば相談するだけで高額な費用がかかる弁護士相談が無料で行えるのはありがたい。
　ただし、収入や資産に条件があり、一定の基準以下でないと無料相談は受けられず、また一回30分程度で一つの問題について３回までという制限がある。申し込みに必要な書類を用意し、効率よく相談できるよう話を整理しておく必要があるだろう。ある程度問題が整理され法的な解決も視野にいれたいと考えるときに利用するのが良いかもしれない。
　ちなみに法テラスでは、どこに相談したら良いかわからない人のために無料の電話相談も行っている。迷ったらまずそこに電話し、問題に適した相談機関を知ろう。

第2部
あなたは大丈夫？
労働相談事例集

　いま、職場でトラブルかかえていませんか？

　下記にご紹介するのは、NPO法人労働相談センターに寄せられた最近の労働相談事例（ほんの一部です）。放っておくとこじれやすい、典型的なケースを厳選してみました。

　きっと「あるある！　あるよね！」と深く相づちを打っていただけるものと確信しています。なかには、「うそでしょ！　信じられない」とショックを受ける事例もあるでしょう。でも、これはいっさい脚色を施していません。職場から日々発せられる正真正銘の〝悲鳴〟です。どうやったら解決に結びつけられるのか、自分なりにイメージしながら読み進んでいってください。

　また、ここでも各項目の解説で労働組合の活用をおすすめしています。労働者の権利を実現できる最強のステージですから、しつこいようですが、ぜひぜひアプローチのほど。

1　「労働時間」に関連した労働相談

　ほとんどの労働者は「労働時間」を売っているわけですよね。労働者にとっての大切な〝売りモノ〟が、いかに経営者によって粗末に扱われているか──これを読むと実感できるはず。行きすぎれば過労死をも招く重大な労働条件だからこそ、経営者に生殺与奪のカードをむざむざ与えないためにも、職場の仲間と結束を図りましょう！

（1）　正社員のプログラマー。裁量労働制（みなし労働時間制）だからと、いくら長時間働いても残業代・深夜手当・休日手当が出ません。タイムカードもありません。しかし、裁量労働制といいながら、実際は始業時間・終了時間が決まっています。おかしくないですか。

（2）　飲食店で働く夫のことで相談します。勤めだして1ヶ月の夫は毎日夜12時半、1時過ぎまで仕事をさせられています。これだけ働いても給料は22万円です。店長は夜中の2時まで働いているそうです。飲食店はどこでもこんな感じですが、さすがにここの労働時間と賃金はひどすぎると思います。なんとか労働時間を短縮してもらえないでしょうか。

（3）　会社が経営する保育園。祝日で休むとその日8時間分を、平日8日間、労働時間を1時間延長して働かされる。1ヶ月に祝

日が２日ある時は16時間です。

（４）　固定残業代として１ヶ月71時間分の残業代10万円が月給27万円に含まれている。たとえ36協定が締結されていても、本来残業は１ヶ月45時間以上はやらせることはできないと思うのですが。また、これでは残業強要になりませんか。

（５）　我が社では日曜・祝日が休みですが、日曜出勤をした時に本来出るべき割増賃金が出ません。そして代休を頂きたいと申し出たら、「賃金を払っているのだから、代休はやれない」と言われました。

（６）　廃棄物処理会社。廃棄物のゴミが溜まりすぎて、朝８時出勤を４時出勤にしてなんとか処理していますが、「社員が勝手にやっている」とされて早出残業代ももらえません。もうみんなクタクタに疲れ果てて限界です。

（７）　課長職。昨年休めた日は合計で56日しかありませんでした。毎日早出残業をしていますが管理職だからと残業代はありません。管理職には労働基準法は適用されないのでしょうか。（センター回答：ほとんどの課長にも労基法は適用されますので、労働時間や残業代規定は守られなければいけません。労基法でいう「管理監督者」は経営と一体の人を指しています）

（８）　我が社では30分ほど前から業務を始め、その後タイムカード

を打ちます。また残業代は30分単位で計算され、29分働いてもカウントされません。

（9）　社員の労働時間が週40時間を超えそうになると、中間管理職などがサービス残業をしてその分を負担しています。中間管理職の彼らは月80時間以上の残業をさせられています。私たち一般社員の労働時間を減らすために中間管理職がサービス残業を強いられるっておかしくありませんか。

（10）　農業経営の会社に雇われる農業労働者。「農業は労基法から除外されているから」と、いいように長時間労働をさせられ、もちろん残業代もありません。

（11）　２週間前に入ったばかりの会社。毎日17時間以上の労働で体がもたないので退職を申し入れたら、「２年以内の退職は、寮の家賃を全額支払う決まりだ」と言われました。しかし、こんな長時間労働が原因の退職でも家賃を払う必要はあるのでしょうか。

（12）　お店でアルバイト。「あなたの店の売り上げが悪い。人件費の高騰」を理由に労働時間の大幅な削減を通告してきました。こんな一方的なやり方が許されるのでしょうか。

（13）　学生の警備のアルバイト。人手不足だからと無理やり過酷なシフトを組まされてしまいました。これでは学校にも行けませ

ん。辛くて死にたくなります。

(14) 労働基準監督署が入っても全く改善されない。始業時間の1時間前から働き、毎日残業をしていますが、「固定残業制」で残業代は出ません。

2 「有給休暇」に関連した労働相談

　経営者にとって、年次有給休暇（有休）ほど邪魔くさく、目障りなものはないでしょうね。
「働いていないのに給料を払わなければならないなんて理不尽だっ！」。間違いなくこんな見方をしているはずです。だから、彼らは有休を取る労働者には無意識のうちにきつく当たる。ますます萎縮して取りそびれてしまう労働者。
　こんな負の連鎖は願い下げだ！　さぁ、みんなで声を上げよう！

（1）店長クラスになると定休日以外は絶対に休めません。一般社員も休日出勤を強要させられたり、有給休暇はありますが使える雰囲気ではありません。

（2）派遣看護助手。産婦人科病院に派遣されていますが、すでに2年働いていても派遣会社からは有給休暇の提示すらありません。

（3）　国立大学研究室の契約社員。大学の夏休み中に専門研究のサマースクールに参加したいと有給休暇を申請したら、指導教官から「休みを取ることは業務放棄だ。今後あなたとは一緒に仕事はできない」と言われました。

（4）　フルタイムパート。発生した10日間の有給休暇を使って年末年始にまとめて7日間使いたいのですが、問題があるでしょうか。

（5）　個人病院の事務員。結婚式で1週間休んだのですが、そのすべてを「週休2日の休み」の分を割り当てられました。その結果その後の3週間は全く休みがなくなりました。5月の連休、お盆、年末年始の休みも全て、「週休2日」分として休まされます。「週休2日」では足りない休みは強制的に有給休暇を消化させられます。自由に取れる有給休暇は1日もありません。

（6）　個人病院勤務。病院の社労士が「週の勤務時間が短いので時間外手当と有給休暇は本当は無くてもいい」と言いますが、本当ですか。休憩時間も拘束されていますから、実際は11時間勤務です。でも残業代は出ません。

3 「職場のいじめ・いやがらせ」に関連した労働相談

　パワハラ・セクハラ・モラハラ……職場の、ひいては人間の尊厳の荒廃。わたしたちがもっとも心を痛め、そして永久追放を夢見る事象です。ハラスメント（いじめ・いやがらせ）の相談からわたしたちが解放される日は残念ながら１日とてありません。
　それよりも、経営者の責任は一体どこに行ってしまったのか。さまざまなハラスメントを繰り出す上司・先輩・同僚（あるいは後輩）個人への追及もさることながら、会社の果たすべき責務（安全配慮義務）を完全履行させるよう、職場から改善のメッセージを発していくことがどうしても必要です。

（１）　ファミリーレストラン。以前お店にいた店長が２年半ぶりに帰ってきました。今、私たちは、この人の暴言や行動に日々悩み、とても苦しんでいます。どこに相談すべきでしょうか。

（２）　ファミリーレストランで20年間フルタイムパート。お店のためにもみんなで頑張ってきました。忙しい時は月200時間を超える時もありました。同僚のクルーらと互いに努力していい関係を作ってきました。しかし、新しく赴任したマネージャー店長は、クルーたちを呼び捨てにしたり、平気で悪口を言い触らし暴言を繰り返す最低の人です。泣いて辞めたいと訴えるクルーも出てきました。私の愛したお店を潰すつもりでしょうか。

（３）　介護施設。特定の複数のスタッフが、ある人だけを集中して攻撃しています。ちょっとしたミスを大げさに取り上げ責め続けます。彼らは、陰で「〇〇を潰す」と言って、実際今までも退職に追い込んでいます。周りのスタッフも怖れて何も言えない状況です。役員も知っていても手を焼いています。こんなハラスメントは罰せられないのでしょうか。このままでは職場が崩壊してしまいます。

（４）　障害者施設。所長の横暴に苦しんでいます。あらゆることで毎日怒ってきます。「お茶が濃い」と怒鳴られ、料理を先に所長に出さなかったと言っては「気が付かない」「使いモノにならない」と怒られます。毎日ビクビクして働いています。悔しくて死にたくなります。限界です。

（５）　みんなの前で大声で怒鳴りつける。夜遅く電話をかけてきて怒鳴る。ゴミを投げつけ、コーヒーを頭から投げつける。怒りだすと２、３時間は監禁状態。まだまだあります。これってパワハラでしょうか。

（６）　私だけ先輩から暴言・文句・悪口を浴びせられています。暴力もしてきます。最近は「退職届を書いてこい」と言ってきます。エスカレートしてきて、とても怖い思いをしています。

（７）　女性社員。一人の男性社員が仕事中、私を常に凝視し続けます。気配を感じて視線を向けると必ず彼と目が合います。わざ

わざ接触するくらい近くを通ったり、トイレ近くで立っていたりします。私の仕事で使っている荷物の中を勝手に触ったりしています。こんなストーカー、セクハラまがいのことが許されるのでしょうか。

（８）　大手コンビニ直営店のコンビニで夜勤。最近上司から「人件費削減のため２人体制から１人体制にする」と告げられました。

（９）　専門学校の事務員。ワンマン理事長の横暴、セクハラ発言。彼への反論は一切禁止され非常識な要求もしてきます。休憩も15分しかなく、ない時すらあります。休日もまともにくれず、振り替え休日も有給休暇もなく、12連勤の時もある。

（10）　パワハラに耐えきれず「辞めさせてください」と言ったら、「自己都合だから今月の給料30日分は出ない」と言われました。

（11）　社会福祉法人。この４月に大学の新卒で正社員として雇用されました。ところが６月に突然契約社員に無理やりさせられました。今後もパートに降格させられることもあると言われました。こんなことってあるのでしょうか。

（12）　社員登用前の契約社員。仕事中に突き飛ばされたり、社内の飲み会では「一気飲み」を強制されます。

(13) 教員内のパワハラ。生活指導主任の体育の男性教師は学校を牛耳っています。自分たちの派閥に属さない教員を常に嘲笑し反対します。若い女性の非常勤講師を気に入り、飲み会に誘ってはデレデレし、その飲み会では他人の悪口や陰口ばかり。教頭は知っていても黙認しています。

(14) 1日だけ有給休暇を使い恋人と旅行をしたことで、社長はことあるごとに「色ボケ」とか「恋愛ボケ」と言うようになりました。これはセクハラです。

(15) 大手菓子メーカーの物流子会社。人手がまるで足らず、日曜以外の休日も2時間以上出勤させられています。その上、毎日休憩もなく、しかも休憩時間分はしっかり勤務時間から引かれます。それなのに本社総務部は新社員の採用をしぶり続けています。これはもうパワハラではないでしょうか。

(16) うつ病になり医師の指示を受けて病気休職をお願いするため、上司と面談をしました。上司はヤクザのような口調で「休みは認められない」「主治医に電話してやろうか」「復職しても同じ部署にはならない」等々機関銃のように畳みかけてきます。私傷病手当の申請もしましたが、無視されています。

(17) 事務員。入社して数ヶ月。5人ほどの会社で、退職する前任者からは1週間という引継ぎ期間しかなく、初めての業界で働き始めました。何もわからない私に、社長は「使えねー」「ほ

んっと仕事遅い」「お前はバカだ」「常識知らず」「幼稚園児以下だ」など、大声で怒鳴り連呼してきます。

(18) 仙台の学習塾でバイト。副塾長が好き嫌いでシフトを決めています。嫌われてしまうとどんどんシフトを減らされ、結局は辞めさせられてしまいます。副塾長は「容姿」「学歴」「酒が強いか弱いか」で好き嫌いを決め、好きな人にだけはシフトを多く入れ、嫌いな人には減らすという具合です。

(19) 障害者在宅勤務。社長から「在宅で実際仕事をしているかわからない」と言われ、思わず私から「PCのスカイプ」を提案してしまいました。しかし、常時私や私の部屋の様子が見られていると思うと嫌で嫌でたまりません。

(20) 勤続10年の町工場。年下の社長からのパワハラがひどい。数年前から私だけ呼び捨てにされるようになりました。「オイ」「オマエ」とも呼ばれます。私のミスの時だけ、みんなの前で大声で叱責され、翌日の無償早朝出勤を命じてきます。家庭もあり転職にも躊躇し、毎日が辛いです。

(21) アルバイト先の店長がお客様の見える場所でパートさんに怒って、パートさんは泣いていました。この店長は「太っている人は嫌いだ。ホールに沢山出させて痩せさせろ」と裏で言っているそうです。これはパワハラですよね。

(22)　保育士。上司のパワハラで適応障害になりました。上司は毎日何かにつけて激しく叱責したり、「もう出歩くな」などという人格否定の言葉を投げつけます。夏の炎天下で草取りや外掃除を命じられ、毎日２時間のサービス残業や有給休暇も３年間いても２日使えただけです。

(23)　病院長の義父が亡くなり、全病棟の職員全員に香典を求めてきました。しかもあろうことか「表」も作成され、職員の名前の横には香典の金額も書き込まれ、香典を出さない職員の名前は斜め線で消されています。強制ではないと言いながら、香典を出さない職員は翌日上司に呼びつけられ、「常識がない」などと一方的に言われます。

(24)　旅館勤務。退職届を提出してから嫌がらせが始まりました。炎天下で屈辱的な草むしりを命じられています。後２週間もあります。体力も限界です。

(25)　勤続５年。今年になって突然上司に仕事を激減させられています。「仕事を与えてほしい」と何度も申し入れましたが、上司は「与える仕事がない」「お前にはできない」の一点張りです。これでは仕事のできない人間としてレッテルが張られます。体調が崩れてきています。

4 「解雇・退職勧奨・退職強要」に関連した労働相談

　労働者にとって「解雇」とは、生活の途はもちろん、勤労の尊厳自体を剥奪するいわば経営者による死刑宣告。「明日から来なくてもいい！」即時解雇ともなれば、もはや〝処刑〟そのもの。そう簡単に執行されてはたまったものではありません。

　いかに経営者がいい加減な理由で安易にクビを切り、労働者が社会の荒波にさまよわせられているのか、この事例で確認していただきます。

　一人で闘うことはやっぱりつらいもの。ここでも労働組合は強い味方になります。心強いことこの上ないし、集団のチカラで押し戻せば「復職」という展望だって見えてきます。

（1）　東京都立特別支援学校の介護職員。1年契約の非正規労働者で、最長5年まで勤務できます。5年後以降は再び、東京都の採用試験を受けなければなりません。5年の中でも毎年11月に校長面接があり、校長は高圧的な態度で、「来年度の契約更新は辞退してほしい」と言われる人もいます。そして「辞表」を書かされます。こうして毎年何人もの同僚が泣く泣く「円満退職」させられています。校長の仕打ちに何か違法性はないのでしょうか。この問題を黙認して良いはずがありません。

（2）　正社員として採用されました。まともな休憩時間もないまま毎日夜遅くまで残業をさせられていましたが、残業代は月4000

円しか出ませんでした。試用期間6ヶ月後に正式採用されるはずでしたが、試用期間の延長を通告され、またパワハラや嫌がらせで退職強要を受け辞めることになりました。退職後、「残業代を払ってほしい」と文書を郵送しましたが、「払ってほしければ証拠を出せ」と言います。もともと会社にはタイムカードもありません。しかも、会社側の弁護士から「債務不存在の訴訟を起こすことを考えている」と脅されています。あまりにも悪質な会社です。泣き寝入りしたくありません。

（3）　うつ病を発症し病気休業の相談をしたら、「どこまで迷惑をかければ気が済むのか」と罵倒され、「ユニフォームだけ返せ」と一方的に解雇されました。雇用保険にも未加入の上、離職票すら発行してくれません。

（4）　うつ病になったことで一方的に解雇されたので内容証明郵便で解雇予告手当等を請求したところ、会社側弁護士から「解雇はしていない。あくまで労使双方納得した上での自主退職。しかし、あなたが応じれば見舞金として8万円を払って解決する用意はある」という返事がきました。応じないと、逆に損害賠償を請求されるのではと心配です。

（5）　勤続5年4ヶ月の契約社員。4つの事業所を経験しています。しかし、今の事業所で突然「コミュニケーション能力なし」という理由で今月末での契約打ち切り・雇い止め通告を受けました。弁護士に相談すると、「無期契約の証拠がないから

なかなか厳しいが、雇い止め理由では争える」と言われました。

（6）　勤続4年のパート。大学受験のため、現場責任者と「大学受験が終わったら職場復帰する」という了解のもとで休業中でしたが、6月に突然「退職確認届」が郵送されてきました。私は受験が済めば戻るつもりでしたから、突然の解雇に戸惑っています。

（7）　派遣社員。7月31日までの契約のはずが、6月30日で終了と言われました。会社都合での打ち切りですから「休業補償」を求めましたが、払っていただけませんでした。逆に他の仕事もくれず、7月中は1万円ぐらいしか収入がありませんでした。

（8）　雇われていた外国企業A社から半ば退職強要を受け退職させられました。離職票の「自己都合退職」に納得が出来ず、ハローワークで「特定受給資格」の異議を申し立てましたが、私の雇用保険は日本国内の別会社Bが加入していたことがわかり、ハローワークは「会社Bはあなたに退職勧奨はしていない」と特定受給資格を認めてくれません。

（9）　1年契約のパート。風邪で欠勤したら翌日、即日解雇されました。本社に解雇予告手当を請求しましたが「自己都合退職と聞いている」と払ってくれません。欠勤当日は、管理職に連絡を取り、承諾されなんの注意もされることもなく休めました。

明らかに不当解雇だと思うのですが、今後どのように対処すればいいか教えてください。

5　「辞めさせてくれない」という労働相談

　いま、もっともわたしたちが注目している事象です。
　「『辞めさせてくれない』なんて信じられない。会社に行かなければいいだけじゃない」と必ず返されます。でも、それができない。なぜなのでしょう？　わたしたちは、経営者と労働者とのチカラ関係の象徴だと考えます。
　逃がさない・逃げられない——。この事例をご覧いただければ、現代における前近代的な疑似奴隷状況が随所に垣間見られることでしょう。この硬直した労使のチカラ関係のバランスを崩すためにも、労働組合（特に一人から加入できる地域合同労組・ユニオン）は有効です。ぜひ、相談だけでも持ちかけてみてください。

（1）　すかいらーくでアルバイトの高校生。勤続1年。半年前から「辞めさせてほしい」と言っていますが、「人がいないから来月まで待ってくれ」と言われ、1ヶ月過ぎても普通にシフトを入れてきます。正直今すぐに辞めたいです。どうしたらいいですか。

（2）　退職を申し出ましたが、「少なくても1ヶ月先、出来れば2ヶ月後にしてほしい」と頼まれました。辞める時期を上から

言われることって正当なのでしょうか。雇用保険にも入っていない会社で、今後についてとても不安です。

（３） 保育園でアルバイト。会社の考えと合わないので以前から退職を申し出ていますが、会社は「アルバイトであっても辞める際の規定は正社員と同じ扱いをする」と言い、何かと言いくるめられて、なかなか辞めさせてくれません。

（４） 退職予定直前、仕事中に会社の車で自損事故を起こし車を破損させてしまいました。会社は、「車両保険に入っていないから修理代全額30万円を払わなければ辞めさせない」と言います。本当に、業務上の事故なのに従業員個人に全額弁償の責任があるのでしょうか。

（５） ドライバー。仕事中に大怪我をして休業。職場復帰しましたが、「後遺症のある奴に運転などさせられるか」とドライバーを外され、きつい現場職場に回され、給料も手取り15万円しかありません。転職活動を始めたら、上司から「辞めたらぶっ殺すぞ」と脅されています。

（６） 上司に辞める意思表示をしたのが、２ヶ月前です。その時は「もう一度考えて」と言われ辞められませんでした。お礼奉公という言葉がありますが、私はスパッと辞めたいのです。社内規則では「退職は１ヶ月前に届ける」となっています。また法律では「２週間前」となっていますが、私の場合、２ヶ月前の

意思表示は有効なのでしょうか。それとも正式に文書で「退職届け」を出してからなのでしょうか。

（7） 美容師。家に帰っても、休みの日も、いつも仕事のことばかりが頭に出てきておかしくなりそうです。辞めることを決意しましたが、引き伸ばされてなかなか辞めさせてくれません。

（8） 高校生。居酒屋でアルバイト。落ちた材料をそのまま拾って調理するなどしていてこれ以上耐えられません。時給も低いし、終わる時間も遅い。部活の朝練もあるので、お店のマスターに辞めたいと言っても「代りの女の子を連れて来い」と言うのです。すぐにでも辞めたいです。

（9） パート。職場の人間関係がうまくいかず上司に退職を伝えましたが、「仕事が忙しいので、今の話は無かったことにしてほしい」と辞めさせてくれません。

第3部
一人から加入できる労働組合(ユニオン)一覧
―― まずは労働相談から ――

　労働問題が発生したらすぐさま駆け込める「ご当地ユニオン」を紹介しています。まずは、労働相談をもちかけてみましょう。親身にみなさんのお話を聞きながら、一緒になって解決策をひねり出してくれるはずです。

＊注：ここでご紹介しているのは、NPO法人労働相談センターと友好関係にある労働組合(ユニオン)です。全国のユニオンがすべて網羅されているわけではありませんので、ご了承ください。

HP有り＝ホームページが有ります。
電＝電話番号　　F＝FAX番　　＊＝組合の特徴

● 北海道・東北
自治労帯広市役所労働組合連合会
〒080-0015　北海道帯広市西5条南7丁目　市役所内
電　0155-24-4768　　F　0155-26-0131

ユニオンとかち

〒080-0803　北海道帯広市東３条南11丁目７
　　　　　　帯広地区労働者会館内
電 0155-22-4334　F 0155-22-4347

ユニオンくしろ

〒085-0841　北海道釧路市南大通８丁目２番地
HP有り　電 090-1528-0946
＊女性相談員の対応可。

札幌地域労組

〒060-0806　北海道札幌市北区北６条西７丁目　自治労会館３階
HP有り　電 011-756-7790　F 011-756-7792

札幌派遣ネットワーク

〒060-0806　北海道札幌市北区北６条西７丁目　自治労会館３階
HP有り　電 011-756-7790　F 011-756-7792
＊派遣スタッフからの相談に対応。

札幌管理職ユニオン

〒060-0806　北海道札幌市北区北６条西７丁目　自治労会館３階
HP有り　電 011-756-7790　F 011-756-7792
＊管理職の相談に対応。

第３部　一人から加入できる労働組合（ユニオン）一覧

札幌パートユニオン

〒060-0004　北海道札幌市中央区北４条西12丁目
　　　　　　ほくろうビル３階

HP有り　電 011-210-1200　F 011-206-4400

北海道ウイメンズ・ユニオン

〒060-0061　北海道札幌市中央区南１条西５丁目８
　　　　　　愛生館ビル508Ｂ

電 011-221-2180　F 011-219-7022

＊やめない！負けない！あきらめない！　女性のための個人加盟の労働組合。

宮城合同労働組合

〒980-0811　宮城県仙台市青葉区一番町１-６-19
　　　　　　一番館ビル406号

電 022-261-4392　F 022-222-7734

＊土・日・夜間相談あり。

労働組合おおだてユニオン

〒017-0885　秋田県大館市豊町２番37号

電 0186-42-6539　F 0186-43-1302

労働組合かづのユニオン

〒018-5201　秋田県鹿角市花輪字小深田278-４

おきたまユニオン

〒992-0042　山形県米沢市塩井町塩野1-1
　　　　　　米沢地区勤労者福祉会館内
HP有り　電 0238-24-9900　F 050-7527-8768

全港湾小名浜支部

〒971-8101　福島県いわき市小名浜字渚254
電 0246-54-8885

全国一般労働組合全国協議会いわき自由労働組合

〒971-8111　福島県いわき市小名浜大原字堀米44-7
電 0246-73-8118　F 0246-54-1789
＊「フクシマ原発労働者相談センター」の連絡先も担っている。ひばく労働者の相談可。

●北関東・千葉

茨城ユニオン

〒300-0033　茨城県土浦市川口1-3-117　B-307
HP有り　電 029-827-0966　F 029-827-1720

わたらせユニオン

〒327-0831　栃木県佐野市浅沼町796
電 0283-22-2633　F 0283-22-2633

交通ユニオン

〒370-0045　群馬県高崎市東町58-3　グランドキャニオン１階

HP有り　電 027-327-2569　F 027-322-4540

＊業種不問、外国人の相談に対応。

全国一般埼京ユニオン

〒330-0075　埼玉県さいたま市浦和区針ヶ谷３-６-１
　　　　　　植村ビルＤ号

HP有り　電 048-835-2730　F 048-835-2731

＊事前予約があれば夜間も相談可。

個人加盟労働組合ユニオン千葉

〒260-0045　千葉県千葉市中央区弁天３-６-６

HP有り　電 043-255-5995　F 043-255-5998

＊トラック運転手の解雇、未払い残業代などの問題多数。

千葉スクラムユニオン

〒260-0007　千葉県千葉市中央区祐光２-５-８
　　　　　　ハイツカメリア202号

HP有り　電 043-221-2525　F 043-221-2525

なのはなユニオン

〒274-0825　千葉県船橋市前原西２-14-１-404

HP有り　電 047-407-3245　F 047-407-3247

＊メール相談可。すべての雇用形態・雇用問題に対応。

●東京

全国一般東京東部労働組合

〒125-0062　東京都葛飾区青戸3-33-3　野々村ビル1階

HP有り　電 03-3604-5983　F 03-3690-1154

＊メール相談可。

NPO法人労働相談センター

〒125-0062　東京都葛飾区青戸3-33-3　野々村ビル1階

HP有り　電 03-3604-1294　F 03-3690-1154

＊メール相談可。最終金曜日は21時まで延長（17時～18時休憩）。第3日曜日は「弁護士労働相談デー」（無料・秘密厳守）。

労働組合ジャパンユニオン

〒125-0062　東京都葛飾区青戸3-33-3　野々村ビル1階

HP有り　電 03-3604-1294　F 03-3690-1154

＊メール相談可。

全国一般三多摩労働組合

〒186-0003　東京都国立市富士見台4-10-17　島田ビル1階

HP有り　電 042-571-1953　F 042-571-1938

＊メール相談可。土日、夜間相談あり、女性相談員常駐。

フリーター全般労働組合／キャバクラユニオン

〒151-0053　東京都渋谷区代々木4-29-4
　　　　　　西新宿ミノシマビル2階

HP有り　電 03-3373-0180　F 03-3373-0184

＊誰でも相談可。とりわけキャバクラ業界の解決事例多数。

東京管理職ユニオン

〒151-0053　東京都渋谷区代々木4-29-4
　　　　　　西新宿ミノシマビル2階UMC内

HP有り　電 03-5371-5170　F 03-5371-5172

＊外国人の相談に対応（主に欧米系）。管理職・ホワイトカラー案件多数。

東京ユニオン

〒151-0053　東京都渋谷区代々木4-29-4
　　　　　　西新宿ミノシマビル2階

HP有り　電 03-5354-6251　F 03-5354-6252

＊外国人の相談に対応。火～金は女性常駐。

ユニオンネットお互いさま

〒101-0032　東京都千代田区岩本町2-17-4　NS20ビル1階

HP有り　電 070-6576-2071、070-6572-2072、070-6572-2073

F 03-5820-2080

＊相談電話、複数・何時でも可。メール相談可。

全労協全国一般東京労働組合

〒102-0073　東京都千代田区九段北１-２-１
　　　　　　九段北１丁目ビル３階

HP有り　電 03-5215-8788　F 03-3234-2410

＊メール相談可

全国一般労働組合東京南部

〒105-0004　東京都港区新橋５-17-７　小林ビル２階

HP有り　電 03-3434-0669　F 03-3433-0334

郵政産業労働者ユニオン（郵政ユニオン）

〒170-0012　東京都豊島区上池袋２-34-２

HP有り　電 03-5974-0816　F 03-5974-0861

＊メール相談可。郵政関係の相談に特化。

下町ユニオン

〒136-0071　東京都江東区亀戸７-８-９　松甚ビル２階

HP有り　電 03-3638-3369　F 03-5626-2423

全国統一労働組合

〒110-0005　東京都台東区上野１-12-６　２階

HP有り　電 03-3836-9061　F 03-3836-9077

＊外国人の相談に対応、メール相談可。

第3部　一人から加入できる労働組合（ユニオン）一覧

全日本建設運輸連帯労働組合関東支部
〒111-0051　東京都台東区蔵前3-6-7　蔵前イセキビル4F
電 03-5820-0868

●神奈川
湘南ユニオン
〒251-0024　神奈川県藤沢市鵠沼橘1-3-10
　　　　　　アドバンテージビル4F
HP有り　電 0466-52-6285　F 0466-52-6286
＊土・日・夜間対応可。

ユニオンヨコスカ
〒237-0063　神奈川県横須賀市追浜東町3-63　ハイツ追浜901号
HP有り　電 046-866-4930　F 046-866-4930
＊外国人の相談に対応、メール相談可、夜間相談毎月2回（原則第2・
　4火曜日）、弁護士による無料法律相談解説（予約制）。

女のユニオン・かながわ
〒221-0057　神奈川県横浜市神奈川区青木町2-1-613
電 045-451-3776　F 045-451-6967
＊主に女性対象。

よこはまシティユニオン

〒230-0062　神奈川県横浜市鶴見区豊岡町20-9
　　　　　　サンコーポ豊岡505

HP有り　電 045-575-1948　F 045-575-1948

NPO法人神奈川労災職業病センター

〒230-0062　神奈川県横浜市鶴見区豊岡町20-9
　　　　　　サンコーポ豊岡505

HP有り　電 045-573-4289　F 045-575-1948

神奈川労働相談センター

〒231-0028　神奈川県横浜市中区翁町1-5-14　新見翁ビル4F

HP有り　電 045-319-4382　F 045-319-4391

＊月〜金・夜間電話相談、面談も可、街角労働相談（第3日曜、寿町）、
　寿越冬労働相談（年末年始）。

全国一般労働組合全国協議会神奈川

〒231-0028　神奈川県横浜市中区翁町1-5-14　新見翁ビル4F

HP有り　電 045-319-4391　F 045-319-4391

●新潟・中部
にいがた青年ユニオン

〒959-2304　新潟県新発田市大伝312-4

HP有り　電 0254-37-2529　F 0254-37-2529

＊メール相談可。生活相談可。

第3部 一人から加入できる労働組合（ユニオン）一覧

えちごユニオン

〒951-8133　新潟県新潟市中央区川岸町2-4-6
　　　　　　コーポ川岸B棟306号
HP有り　電 025-201-6036　F 025-201-6036
＊メール、FAX相談可。

全日本建設運輸連帯労働組合新潟支部

〒947-0005　新潟県小千谷市旭町3-24
電 0258-83-2653

山梨ユニオン

〒400-0031　山梨県甲府市丸の内2-30-5　甲府電化ビル212
ブログ有り　電 055-287-8113　F 055-287-8114
メール相談可。

長野一般労働組合

〒390-0811　長野県松本市中央4-7-22　松本市勤労会館
電 0263-33-9513　F 0263-33-6000
＊個人で加入できる合同労組。

NPOユニオンサポートセンター

〒390-0811　長野県松本市中央4-7-22　松本市勤労会館
HP有り　電 0263-39-0021　F 0263-33-6000

岐阜一般労働組合

〒500-8879　岐阜県岐阜市徹明通5-8　田中ビル2階

HP有り　　電 058-251-7205　F 058-251-0641

＊メール相談可、外国人技能実習生（中国語）対応可、シェルター有り。
　女性相談員常駐。

●静岡

静岡ふれあいユニオン

〒420-0068　静岡県静岡市葵区田町3-5-6

HP有り　　電 054-271-7302　F 054-271-7339

＊介護労働問題、精神疾患労災問題に強い。

清水ふれあいユニオン

〒424-0812　静岡県静岡市清水区小芝町2-8

電 054-366-6888　　F 054-366-6889

＊生活相談可。無料法律相談の紹介。

ユニオンはままつ

〒431-3113　静岡県浜松市東区大瀬町475

HP有り　　電 053-570-4321　F 053-570-4321

富士地区ふれあいユニオン

〒416-0922　静岡県富士市水戸島元町8-12
　　　　　　富士駅南勤労者施設内

電 0545-61-3693、090-7042-4649　F 0545-61-3693

三島ふれあいユニオン

〒411-0028　静岡県三島市富士ビレッジ40-17

電 055-987-2814　F 055-987-2814

＊組合員に社会保険労務士・行政書士がいる。弁護士にも相談可。

静岡ゼネラルユニオン

〒425-0021　静岡県焼津市中港１-２-３

電 054-628-3084　F 054-626-7521

＊外国人の相談も応対。

全日本建設運輸連帯労働組合静岡支部

〒421-3304　静岡県富士市木島258

電 0545-81-3300

● 愛知・三重

地域労働組合愛知ユニオン三河支部

〒446-0072　愛知県安城市住吉町荒曽根１-245　アワーズビル２階

HP有り　電 0566-98-6911　F 0566-98-6931

メール相談可。

名古屋ふれあいユニオン

〒460-0024　愛知県名古屋市中区正木４-８-８　メゾン金山303

電 052-679-3079　F 052-679-3080

＊非正規労働者や外国人労働者の相談を多数受付。労働弁護士との連携
　あり。

地域労働組合愛知ユニオン

〒453-0811　愛知県名古屋市中村区太閤通4-65　日進ビル2階
HP有り　電 052-483-1988　F 052-483-1988
＊メール相談可。

愛知連帯ユニオン

〒450-0003　愛知県名古屋市中村区名駅南2-11-43
　　　　　　NPOステーション
HP有り　電 052-485-9992、090-6570-1027、080-4059-7273
＊土日相談可。

全日本建設運輸連帯労働組合東海支部

〒441-1105　愛知県豊橋市石巻平野町二ツ塚3号
電 090-3382-8575

ユニオンみえ

〒514-0003　三重県津市桜橋3丁目444
電 059-225-4088　F 059-225-4402
＊メール相談、電話相談可。

●京都・大阪

きょうとユニオン

〒601-8015　京都府京都市南区東九条上御霊町64-1
　　　　　　アンビシャス梅垣ビル1階
HP有り　電 075-691-6191　F 075-691-6145

きょうとユニオン洛南支部

〒611-0031　京都府宇治市広野町西裏99-16　パール第２ビル３階

電 0774-43-8734　F 0774-44-3102

自立労働組合連合

〒611-0031　京都府宇治市広野町西裏99-16　パール第２ビル３階

HP有り　電 0774-43-8721　F 0774-44-3102

せんしゅうユニオン

〒595-0026　大阪府泉大津市東雲町10-12-201

HP有り　電 0725-22-1180　F 0725-22-1190

＊土日でも対応可。組合員に女性が多いのが特徴。女性の相談には、女性役員、組合員が同席。

サポートユニオン with YOU

〒567-0816　大阪府茨木市永代町４-212　ソシオⅡ

HP有り　電 072-655-5415　F 072-655-5415

＊一般労働相談以外に女性・教育相談可。学生でブラックバイト・奨学金問題相談可。

ユニオンぜんろうきょう

〒540-0031　大阪府大阪市北浜東１-17-８階

電 06-4793-0735　F 06-4793-0735

＊メール相談可。

全港湾関西地方大阪支部

〒552-0021　大阪府大阪市港区築港1-12-27

電 06-6575-3131　F 06-6575-3134

ユニオンおおさか南森町相談センター

〒530-0041　大阪府大阪市北区天神橋2-2-9
　　　　　　　プラネット南森町8階

HP有り　電 06-6352-5005　F 06-6352-3401

＊ポルトガル語、スペイン語の対応可。

NPO労働と人権サポートセンター・大阪

〒530-0041　大阪府大阪市北区天神橋2-2-9
　　　　　　　プラネット南森町8階

HP有り　電 06-6352-3400　F 06-6352-3401

天六ユニオン

〒530-0041　大阪府大阪市北区天神橋6-1-24　米田ビル4階

HP有り　電 06-6353-0661　F 06-6232-8559

＊話をよく聴き、迅速対応。

ゼネラルユニオン

〒530-0043　大阪府大阪市北区天満1-6-8　六甲天満ビル

HP有り　電 06-6352-9619　F 06-6352-9630

＊外国人の相談に対応。

管理職ユニオン・関西

〒530-0044　大阪府大阪市北区東天満 1 -10-12

　　　　　　エル・エスト不動産　天満ビル401号

HP有り　電 06-6881-0781　F 06-6881-0782

＊メール相談可。相談対象：管理職、元管理職、正社員が多数。

労働組合なにわユニオン

〒540-0026　大阪府大阪市中央区内本町 1 - 2 -11　ウタカビル201

HP有り　電 06-6942-0219　F 06-6942-0278

＊定例相談、毎週水曜14-20時、金曜14-18時。メール相談可。

福祉・介護・医療労働者組合（ケアワーカーズユニオン）

〒540-0031　大阪府大阪市中央区北浜東 1 -17　 8 階

電 090-1969-3073　F 075-603-3378

＊福祉・介護・医療関係に応対。

ユニオンおおさか大阪港事務所

〒552-0021　大阪府大阪市港区築港 1 -12-27　大阪港湾労働会館内

HP有り　電 06-6575-3133　F 06-6575-3134

全国金属機械労働組合港合同

〒552-0011　大阪府大阪市港区南市岡 3 - 6 -26

HP有り　電 06-6583-4858　F 06-6583-4600

なかまユニオン

〒534-0024　大阪府大阪市都島区東野田町4-7-26-304

HP有り　電 06-6242-8130　F 06-6242-8131

＊メール相談可。土曜相談有り。学校関係、福祉関係の組合員が多い。

全日本建設運輸連帯労働組合関西地区生コン支部

〒550-0021　大阪市西区川口2-4-28

電 06-6583-5546

全日本建設運輸連帯労働組合近畿地区トラック支部

〒550-0021　大阪市西区川口2-4-28

電 06-6583-5549

全日本建設運輸連帯労働組合はたらく女性のホットライン

〒550-0021　大阪市西区川口2-4-28

電 06-6583-5543

全日本建設運輸連帯労働組合労働相談ホットライン

〒550-0021　大阪市西区川口2-4-28

電 06-6583-5548

●兵庫

あかし地域ユニオン

〒673-0882　兵庫県明石市相生町2-7-12

電 078-912-2797　F 078-912-2797

第３部　一人から加入できる労働組合（ユニオン）一覧

労働組合武庫川ユニオン

〒660-0876　兵庫県尼崎市竹谷町２-183　リベル３Ｆ１

HP有り　電 06-4950-0071　F 06-4950-0073

阪神合同労働組合

〒660-0892　兵庫県尼崎市東難波町３-19-23

HP有り　電 06-6482-0066　F 06-6481-3984

＊メール相談可、電話での相談は転送できるため常時可能。

神戸ワーカーズユニオン

〒651-0096　兵庫県神戸市中央区雲井通１-１-１　ツイン雲井215

HP有り　電 078-232-1838　F 078-232-1839

＊メール相談可。女性スタッフが多い。土日対応（要相談）。

ユニオンあしや

〒659-0016　兵庫県芦屋市親王塚１-４-103

電 0797-23-8110、090-9049-7970　F 0797-23-8110

ひょうごユニオン

〒650-0026　兵庫県神戸市中央区古湊通１-２-５　DAIEIビル３階

電 078-382-2116　F 078-382-2124

●中国・四国

スクラムユニオン・ひろしま

〒732-0057　広島県広島市東区二葉の里1-3-16　吉村ビル2階

HP有り　電 082-264-2310　F 082-264-2310

＊外国人の相談にも対応。メール相談可。

福山ユニオンたんぽぽ

〒720-0812　広島県福山市霞町4丁目1番25号

HP有り　電 084-928-5055

地域ユニオンとっとり

〒680-0061　鳥取県鳥取市立川町5-240-3

電 0857-24-4270　F 0857-24-6872

全国一般労働組合全国協議会山口連帯労働組合

〒753-0092　山口県山口市八幡馬場24-4

電 083-923-0747、080-5750-2590　F 083-923-0747

＊業種不問、メール相談可。

労働相談ユニオンセンター

〒770-0866　徳島県徳島市末広6-37-12　徳島港福利厚生会館内

電 088-623-6306、0120-381-693

第3部　一人から加入できる労働組合（ユニオン）一覧

港湾ユニオンセンター
〒770-0866　徳島県徳島市南末広6-37-12
電 088-623-6306　F 088-623-6306

香川ふれあいユニオン
〒760-0033　香川県高松市丸の内7-18

愛媛地域合同労働組合（えひめユニオン）
〒790-0813　愛媛県松山市萱町2-1-2　黒光ビル205
HP有り　電 089-924-2497　F 089-923-0733
＊メール相談可。相談（面談）は希望時間を優先。

●福岡
自治労・全国一般福岡地方労働組合大牟田支部
〒836-0842　福岡県大牟田市有明町2-2-11
電 0944-51-6705　「筑後支部」転送

自治労・全国一般福岡地方労働組合
〒803-0844　福岡県北九州市小倉北区真鶴1-5-15　真鶴会館3階
電 093-592-3113　F 093-571-9004
＊女性相談員常駐。

自治労・全国一般福岡地方労働組合北九州支部
〒803-0844　福岡県北九州市小倉北区真鶴1-5-15　真鶴会館3階
電 093-592-3113　F 093-571-9004
＊女性相談員常駐。

自治労・全国一般福岡地方労働組合ユニオン支部
〒803-0844　福岡県北九州市小倉北区真鶴1-7-7
電 093-562-5710、093-562-5610　F 093-562-5711

自治労・全国一般福岡地方労働組合筑後支部
〒830-0021　福岡県久留米市篠山町3-168　労働会館内
電 0942-33-7200　F 0942-33-7210

自治労・全国一般福岡地方労働組合筑豊支部
〒822-0017　福岡県直方市殿町7-48　直方労働会館内
電 0949-28-1075　F 0949-28-1075

自治労・全国一般福岡地方労働組合福岡支部
〒810-0074　福岡県福岡市中央区大手門3-3-16　やよいビル205
電 092-761-4856　F 092-713-5519
＊女性相談員常駐。

全国一般全国協介護労働者組合ケアリング
〒812-0044　福岡県福岡市博多区千代3-6-3
電 092-642-7888　F 092-642-7880

第３部　一人から加入できる労働組合（ユニオン）一覧

●**熊本・大分**
連合熊本ユニオン
〒862-0963　熊本県熊本市南区出仲間８-９-１
電 096-214-3811　F 096-214-3812
フリーダイヤル 0120-154-052

大分ふれあいユニオン
〒870-0938　大分県大分市今津留１-18-２
097-551-7554
HP有り　電 097-551-7652

自治労全国一般大分地方労働組合
〒870-0938　大分県大分市今津留１-18-２
　　　　　　大分市勤労者福祉センター２階
HP有り　電 097-558-6556　F 097-558-6528
＊自治体関連の電話相談を常時受付。

職場トラブル110番
労働相談全国ガイドブック

2017 年 1 月 20 日　　初版第 1 刷発行

編　者	NPO法人労働相談センター
	〒125-0062　東京都葛飾区青戸 3-33-3
	野々村ビル 1F
	電話　03(3604)1294　FAX　03(3690)1154
	http://www.rodosodan.org
発行者	高井　隆
発行所	株式会社同時代社
	〒101-0065　東京都千代田区西神田 2-7-6
	電話　03(3261)3149　FAX　03(3261)3237
装丁	クリエイティブ・コンセプト
組版	いりす
印刷	中央精版印刷株式会社

ISBN978-4-88683-809-4